CINQ JOURS

EN KABYLIE

ET

AUX GORGES DU CHABET-EL-AKRA

Par P. COLLESSON

SECRÉTAIRE GÉNÉRAL DE LA SOCIÉTÉ DE GÉOGRAPHIE DE L'EST

NANCY

IMPRIMERIE BERGER-LEVRAULT ET Cie

18, rue des Glacis, 18

1900

CINQ JOURS

EN KABYLIE

ET

AUX GORGES DU CHABET-EL-AKRA

Par P. COLLESSON

SECRÉTAIRE GÉNÉRAL DE LA SOCIÉTÉ DE GÉOGRAPHIE DE L'EST

NANCY

IMPRIMERIE BERGER-LEVRAULT ET Cie

18, rue des Glacis, 18

1900

Extrait du *Bulletin de la Société de géographie de l'Est*.

CINQ JOURS EN KABYLIE

ET

AUX GORGES DU CHABET-EL-AKRA

Excursion organisée par la Société de géographie d'Alger lors de la XXe session du Congrès national des Sociétés de géographie.

Lundi 3 avril 1899. — Le départ est fixé à 7 heures du matin. Le rendez-vous était donné en gare d'Alger. L'encombrement occasionné par les fêtes de Pâques nous fait songer à nos gares françaises aussi populeuses ce jour-là. Il faut ajouter au tableau le soleil et les costumes orientaux.

Grâce à l'obligeance de M. René Garnier, avocat à la Cour d'appel d'Alger, qui avait bien voulu accepter, au dernier moment, de conduire la caravane, nous trouvons des compartiments réservés où nous prenons place.

Je me fais un devoir de remercier ici notre chef de file, qui a su mener à bien une entreprise à la tête de laquelle on l'avait placé presque de force, ses collègues ayant trouvé la tâche trop lourde. Je n'oublierai pas non plus dans mes actions de grâces M. le capitaine de Reinach et M. Godin, quand l'un menait militairement sa caravane et surtout ses accessoires, en cela j'ai nommé les Arabes qui nous servaient; l'autre tenant les cordons de la bourse, et cela d'une main tellement sûre que l'économie a régné en maîtresse, ce qui est une excellente note pour un trésorier.

Nous voici donc entassés dans les compartiments peu confortables que la Compagnie de l'Est algérien a mis à notre disposition. La chaleur est intolérable ; heureusement, le mouvement même du train, mouvement sage et lent, permet de respirer.

A la première station, Alger-Agha, j'ai la bonne fortune de retrouver un de mes compagnons de voyage au Cap Nord. N'est-ce pas une chose étonnante que de se revoir et, sans s'être donné le mot, de faire de compagnie une excursion sous le soleil ardent de l'Algérie, quand, en revenant de Norvège, on s'était serré la main en se disant un « au revoir » bien hypothétique?

Pendant mon séjour à Alger, j'avais déjà retrouvé plusieurs de mes compagnons de route. On ne saurait croire le plaisir que l'on éprouve lors de ces rencontres fortuites.

Notre caravane se compose de trente et une personnes :

Mme la baronne de Montfort et Mlles de Marolles, Mme Body (Paris).

Mme et M. le capitaine de Reinach (Alger).

MM. Oscar et Georges Godin (Lille).

Mme et M. Maistre (Paris).

Mme et M. Port (Saint-Nazaire).

Mme et M. Duthil (Bordeaux).

M. le colonel Gaërtner (Bourges).

M. le commandant de Maillier (Nancy).

M. le comte Charles de Bourbon (Paris).

M. Guerre (Montpellier).

MM. Decramer, Fache, Hoffmann et Théodore (Lille).

M. Latham (Havre).

M. Rampal (Marseille).

M. Lemire (Belley).

M. Simondant (Alger).

MM. Cousin et Chappuis (Alger).

Maintenant que les présentations sont faites, nous pouvons voyager.

Lentement le train nous amène à Ménerville et enfin à Tizi-Ouzou. Il est 11 heures et demie.

La station se trouve à 1 kilomètre de la ville. C'est un chef-lieu d'arrondissement, comptant 27,466 habitants, situé à 257 mètres d'altitude, au pied du Djebel-Bellona et dominé par le Bordj-Tizi-Ouzou (fort du col des Genêts).

On met pied à terre pour s'entasser dans des sortes d'omnibus antédiluviens qui nous roulent cahin-caha jusque sous le porche de l'hôtel Lagarde. Là, nous trouvons un déjeuner fort bien composé; mais l'arrivée d'une telle troupe de voyageurs a un peu désorganisé le service, et l'on est obligé de se servir soi-même. Cela me rappelle les excursions de la Société de géographie de l'Est, alors que chacun court de la cuisine à l'office et de l'office à la salle à manger. La gaîté règne pendant tout le déjeuner, comme d'ailleurs elle n'a cessé de régner durant toute l'excursion, malgré les embarras de diverse nature qui nous ont assaillis dans la suite.

Les indigènes nous considèrent avec étonnement, et nous ne restons pas en retard vis-à-vis d'eux à ce sujet.

Le café pris, il faut songer au départ. Devant l'hôtel, deux énormes diligences, attelées de six chevaux, et un break attendent. On se dispute avec les Arabes qui entassent nos bagages sous les bâches, car ils n'ont pas le talent de l'ordre et avaient si bien arrimé nos valises que, au premier pas, tout le chargement fit la culbute. « Mektoub! » (c'était écrit). Enfin, tout s'arrange, hommes et colis sont casés et, aux cris des postillons, au bruit des sonnailles, nous nous enlevons dans un nuage de poussière. — Ami lecteur, cherche dans le compte rendu d'une revue de manœuvres d'automne le passage ayant trait au défilé de la cavalerie, et tu auras une idée de l'effet que nous avons dû produire aux yeux des populations ahuries des villages traversés.

La route que nous prenons et qui doit nous mener à Fort-National descend d'abord dans la vallée de l'oued Sebaou, puis traverse, sur un pont de fer, l'oued Aïssi, et se met alors à monter pendant 17 kilomètres pour arriver au but.

Femmes, moine, vieillard, tout était descendu.
L'équipage suait, soufflait....

Voilà l'aspect que nous offrions.

En prenant les raccourcis de la route, pendant que nos voitures suivent les lacets, nous traversons les villages kabyles de Tiguert-Alila, d'Aït-Hag, de Tala-Amara et d'Affensoun.

A un tournant du chemin, s'élève un gourbi, où un Arabe débite du « kaoua ». Nous entrons et prenons une tasse de cet excellent café. Si, dans nos villes, on nous offrait une boisson dans des ustensiles aussi peu élégants, nous ferions, et avec raison, une bien vilaine grimace; mais, en Algérie, il ne faut pas être trop difficile.

Continuant notre route, nous arrivons au village d'Adeni. Là, nous sommes assaillis par une nuée de petits Kabyles qui, dans l'espoir de gagner un sou (*soldi, Moussu?*) se mettent à nous suivre et à nous réciter des fables de La Fontaine.

La façon dont ils s'expriment est fort amusante. Ils ont l'air de petits singes ; ils sautent et gambadent à qui mieux mieux, et de toutes ces petites bouches sortent les cris de : « Vivé la France! soldi, Moussu! »

L'un de ces petits bonshommes me suit avec insistance ; il est très intrigué par une carte d'état-major que je tiens à la main.

— Montre, sidi, montre la carte!

— Allons, balek, fis-je, tu n'y connais rien, va-t'en.

— Oh! sidi, montre la carte!

— Tu ne sais pas lire, laisse-moi tranquille.

— Si, moi savoir lire, montre un peu, toi voir !

Intrigué, je lui passe un journal qu'il se met à lire fort bien ; alors, je lui tends ma carte, en ayant soin de la lui donner tout à fait mal orientée ; le gamin la tourne et retourne dans tous les sens, puis, tout à coup, poussant un cri, il appelle ses amis et, d'un air triomphant, leur montre le village d'Adeni et ensuite, alternativement dans la plaine et sur la carte, les différentes localités en vue. Ce petit moricaud s'était orienté et se servait d'une carte d'une manière très intelligente.

Je ne voudrais pas dire du mal des nos campagnards lorrains ; mais combien peu de leurs enfants sauraient lire une carte comme ce petit Kabyle. Et ce n'était pas là une exception, car j'ai fait l'expérience à plusieurs reprises et j'ai remarqué avec plaisir que ces petits bonshommes se retrouvaient fort bien au milieu de ces grimoires.

Nous continuons à monter ; enfin nous arrivons à Fort-National à 7 heures et demie du soir.

Nos chefs de file vont immédiatement préparer le gîte, pendant que nous admirons le paysage qui se déroule sous nos yeux aux lueurs d'un soleil couchant qui rend le panorama plus merveilleux encore.

Peu après, comme aux manœuvres, on distribue les billets de logement. Un gendarme indigène me conduit à ma chambre ; je trouve un bon lit, mais avant il faut souper ; je rejoins la caravane que je trouve déjà installée autour d'une immense table dressée au Grand-Hôtel. On fait honneur aux mets, car la journée a été dure et on a besoin de réconfort.

Après le souper, l'un de nous fait la découverte d'un ariston mécanique (!). On lui fait jouer une valse entraînante, et voilà la jeunesse qui se met à danser.

Faites faire autant de kilomètres que vous voudrez à des jeunes gens, puis dénichez-leur un piano ou un instrument de musique quelconque, jouez-leur une valse, vous verrez qu'ils n'y résisteront pas.

Mais il se fait tard, et demain on doit être debout à la première heure; il faut être raisonnable; on va se coucher.

Mardi 4 avril. — Lever à 5 heures. Les dames sont des premières. Sous la conduite de M. le lieutenant Mingasson, du 1er zouaves, nous faisons la visite de la ville.

Fort-National (Fort-Napoléon) est le chef-lieu d'une commune de plein exercice comptant 9,321 habitants, et le chef-lieu d'une commune mixte de 53,101 habitants. La cité est située sur un plateau élevé, à 916 mètres d'altitude, au lieu dit en arabe Souk-el-Arbâ; ce nom lui vient d'un grand marché qui s'y tient le mercredi.

La ville est entourée d'une enceinte flanquée de dix-sept bastions qui mesure 2,200 mètres de développement. Cette enceinte est percée de deux portes : celle d'Alger, par où nous sommes entrés, et celle du Djurjura, par laquelle nous sortirons tout à l'heure. L'intérieur, fortement accidenté, est coupé de rues larges sur lesquelles s'élèvent des bâtiments militaires et de nombreuses maisons particulières.

Cet établissement militaire, le plus important que nous possédions dans la grande Kabylie, a été élevé au centre même des Beni-Iraten. Le maréchal Randon en posait la première pierre le 14 juin 1857, et cinq mois après il était terminé.

Du haut des remparts de Fort-National, on domine au loin le bassin de l'oued Sebaou. Tandis qu'au nord l'œil est borné par la chaîne maritime qui longe la Méditerranée, de Dellys à Bougie, au sud il suit les contreforts du Djurjura, plonge dans les profonds ravins qui découpent les plateaux des Zouaoua et remonte le long de leurs versants jusqu'aux crêtes qui bornent l'horizon.

Vers 7 heures, grand émoi parmi les touristes. Devant

l'hôtel se pressent une multitude d'Arabes accompagnés de mulets non moins nombreux. Ce sont nos montures et leurs conducteurs qui nous attendent. Chacun choisit sa bête, sollicité de tous côtés par les conducteurs qui vantent les qualités de leur mulet. Le spectacle est unique en son genre.

A la longue, et non sans d'interminables pourparlers, chacun a pu enfourcher une monture, après avoir consolidé le bât et avoir fabriqué de toutes pièces des étriers, car l'Arabe monte à mulet sans le moindre soutien pour ses pieds. Cette mode serait trop fatigante pour nous autres raffinés.

Le signal du départ est donné, et nous quittons Fort-National au son des clairons et des tambours, car nous passons devant la caserne des tirailleurs.

Et les bagages? Rassurez-vous, ami lecteur; quelques-uns de nos compagnons de route, que huit heures de mulet avaient effrayés, s'étaient chargés de nos colis et devaient surveiller leur embarquement dans les voitures qui devaient nous reprendre à Michelet.

Nous voici donc partis par des sentiers de montagne, sentiers par appellation, mais ravins ou casse-cou. Les mulets kabyles s'en tirent à merveille, et j'ose à peine parler de deux chutes sans gravité et d'une robe déchirée.

Nous prenons la direction des villages kabyles des Beni-Yenni. Ces villages, comme tous ceux de la région, couronnent les sommets des montagnes. Les préoccupations de la défense et un instinct de race ont de longtemps amené les Kabyles à grouper leurs habitations sur les arêtes. Ils en voient ainsi les deux versants et en utilisent les lambeaux de terre cultivable; mais ils n'ont pas d'eau; aussi leur faut-il aller la chercher dans les ruisseaux, à une grande distance, et c'est là le labeur principal et quotidien des femmes.

Vers 9 heures et demie, nous faisons une courte halte

auprès du monument de Ischéridène, élevé en mémoire des soldats tués pendant l'insurrection de 1871. Un panorama splendide se déroule devant nous. Nous descendons, non sans peine, dans la vallée de l'oued Djemaa ; la traversée du torrent se fait sans difficultés, mais à gué, bien entendu ; les éclaboussures ne sont pas pour nous effrayer. Il fait si chaud qu'on éprouve un réel plaisir à sentir l'eau gicler à la figure.

Le torrent à peine traversé, l'ascension commence : montée d'un raide ! une véritable échelle de Jacob. C'est par ce sentier que les femmes d'Aït-el-Hassen viennent puiser l'eau au ruisseau et la remontent dans des amphores de terre vernissée rouge. La rencontre de ces femmes aux robes bleues, la tête couverte d'un voile qui laisse toutefois le visage découvert, les oreilles et les bras surchargés de bijoux d'argent, portant sur l'épaule leurs cruches, fait songer aux récits de la Bible. Mais si l'esprit voyage ainsi dans un pays de rêve et de souvenirs, il est bientôt ramené à la réalité des choses par les cris des muletiers et les rires étouffés des touristes ; la montée est si rapide et les selles en si mauvais état que plus d'un cavalier se voit forcé de mettre pied à terre pour rajuster le harnachement de sa monture. Le mulet continue d'avancer, et c'est après bien des essais infructueux qu'on arrive à se remettre en selle.

Les Arabes qui nous conduisent font entendre des cris gutturaux pour exciter les mules ; les touristes se mettent de la partie, et ce n'est sur toute la ligne qu'une succession de « arrih ! arrih ! » des plus extraordinaires.

Après avoir eu bien chaud, nous arrivons sur la crête et au village d'Aït-el-Hassen, et, ensuite, non loin de là, à Taouirt-Mimoun.

Nous devons prendre là notre principal déjeuner. Il va sans dire que nous ne comptons pas sur les auberges de l'endroit, et pour cause : il n'y en a pas ; aussi, avons-nous apporté avec nous nos provisions. Mais voilà qu'au grand désespoir de M. Garnier, l'hôtelier de Fort-National a oublié les ustensiles de cuisine les plus élémentaires ; il faudra improviser de la vaisselle, tout manque ; heureusement, les provisions sont là et à la guerre comme à la guerre.

Nous déjeunons en plein air, installés sous les arbres qui ombragent le terre-plein de l'école française.

Nous allons ensuite visiter le village. Il appartient à la tribu des Beni-Yenni (6,000 habitants) et renferme une population essentiellement industrielle dont les produits sont des plus variés.

Tandis que les femmes tissent la laine et le coton sur des métiers tantôt verticaux, tantôt horizontaux, ou façonnent, sans tour et sans moule, des poteries au galbe souvent gracieux, qu'elles recouvrent ensuite de couleurs éclatantes, les hommes taillent des meules, tannent des peaux, travaillent le cuir, sculptent le bois de tables, de bancs, de pupitres et de coffrets. Orfèvres et bijoutiers, ils façonnent l'argent en bracelets, agrafes et colliers, l'étirent en élégants filigranes qu'ils agrémentent de coraux et de verroterie. Enfin, à défaut de poudre et de fusils, dont la fabrication leur est interdite, on leur doit ces yatagans si tranchants connus sous le nom de flissas.

La visite des maisons dure un temps infini ; les dames de la caravane sont seules autorisées à pénétrer dans les cases des femmes. Cependant, Sidi Gana, le président des Beni-Yenni, qui est venu à notre rencontre, a pris part à notre déjeuner et a bien voulu nous servir de guide dans son village, nous emmène tous dans sa maison et nous présente sa femme. Nous trouvons cette dernière occupée à bercer son dernier rejeton dans une sorte de balançoire suspendue au plafond. Le bébé se met à pleurer tout comme un petit Français.

Notre guide pense qu'il est bon de se remettre en selle,

si nous voulons arriver à Michelet avant la nuit: mais ce n'est certes pas chose facile que de rassembler tous les excursionnistes qui se trouvent disséminés dans les rues étroites du village.

On se groupe cependant, et, vers 3 heures, la descente vers l'oued Djemaa commence. Nous reprenons le chemin par lequel nous sommes venus; mais, après avoir traversé l'oued, nous le longeons. Nous gravissons des collines plantées d'oliviers et de figuiers et nous rejoignons la route nationale qui nous mène, vers 5 heures, à l'hôpital des Beni-Menguillet, tenu par des Pères blancs et des Sœurs blanches. Dans cet établissement, qui a été créé par Mgr Duserre, on recueille les malades de la contrée et ils y sont soignés gratuitement.

Tandis que les uns visitent l'hôpital, les autres font la sieste devant la porte et admirent le paysage.

Deux cavaliers indigènes, envoyés à notre rencontre par M. l'administrateur de Michelet, nous trouvent en cet endroit. Sous leur conduite, nous arrivons à l'étape vers 7 heures.

Michelet, ou Aïn-Hammam, qui est à 1,200 mètres d'altitude, compte 191 habitants, dont 150 Européens; c'est le siège de la commune mixte du Djurjura qui comprend 61,062 habitants. Ce village, admirablement situé en face des glaciers du Djurjura, comprend cinquante maisons en pierre, avec un bordj pour l'administrateur, le juge de paix, la gendarmerie, la poste et le télégraphe, ainsi qu'une école manuelle de menuiserie et de charronnage pour les jeunes Kabyles.

L'hôtel-auberge ne pouvant loger toute la caravane, plusieurs d'entre nous trouvent un gîte chez l'habitant, j'entends habitant européen, car loger chez l'Arabe est impossible.

Le dîner, auquel M. d'Audibert, l'administrateur, voulutt bien prendre part, fut très gai, quoique un coquin de pet i vin blanc ait failli faire tourner la conversation sur un terrain scabreux.

La soirée fut écourtée, tant en raison de la fatigue de la journée que de la perspective peu gaie du lever à 4 heures.

Mercredi 5 avril. — Réveil matinal, débarbouillage à grande eau, comme aux manœuvres. Puis, à 5 heures, tout le monde en voiture. Il fait bien froid sur l'impériale des omnibus.

M. d'Audibert, son adjoint et quatre cavaliers indigènes nous escortent. Nous gravissons lentement la rampe qui doit nous mener au col de Tirourda.

On se croirait sur une route de Suisse. A chaque moment, le chemin surplombe la vallée qui est très profonde; sur la droite se trouvent les crêtes élevées et couvertes de neige du Djurjura (Azerou Tidjer, 1,751 mètres; Azerou Madenc, 1,951 mètres; Lella Kredidja, 2,308 mètres, etc.).

Continuant à monter, d'aucuns à pied, d'autres en voiture, nous arrivons à la maison forestière de Tirourda, puis au col du même nom. Un vent formidable nous prend de face; nous avons toutes les peines du monde à lutter contre lui ; de plus, les nuages, qui jusqu'alors n'avaient fait que passer, nous enveloppent : voilà notre projet d'ascension du Tirourda qui s'en va en fumée.

Le col est à 1,700 mètres d'altitude. Il marque la limite est de la muraille du Djurjura. Du petit mamelon de l'ouest, à droite de la route, on a une vue étendue sur le flanc sud de la chaîne des contreforts boisés des Beni-Mellikench et des Beni-Onakour, d'un aspect tout différent que le versant nord; au pied, la vallée de l'oued Sahel, le pont du chemin de fer des Beni-Mansour et le bordj qui le domine; à gauche, dans la même direction, les montagnes des Beni-Abbès; dans la dépression de l'oued Amahour, vue sur le défilé des Portes-de-Fer; vers le sud-ouest, les montagnes d'Aumale; vers le sud-est, la Medjana et le Sahara.

On se réunit là en grand conseil. Le programme portait : ascension du Tirourda, 1,876 mètres (la carte indique 1,962 mètres). Les dames insistent autant qu'il est en leur pouvoir. Ce serait si bon, à leur avis, de grimper dans ces rochers et de patauger dans la neige, surtout en Algérie. Cependant, les nuées s'accumulent; les montagnards de la caravane sont consultés, et pas un seul n'est d'avis de tenter l'ascension. A leur grand regret, les touristes prennent place dans les voitures, après avoir salué et remercié M. d'Audibert qui va redescendre à Michelet.

Comme on doit se retrouver à la maison cantonnière d'Aïn-Zebda (la source du beurre) et que la route fait des lacets nombreux, plusieurs d'entre nous préfèrent descendre à pied et couper au court en passant dans les éboulis. On s'égrène dans les talus de la route et à toutes jambes on dégringole. Une chose m'a étonné, c'est que personne ne se soit donné d'entorse, car le terrain était bien mauvais. Décidément, mes compagnons avaient le pied montagnard.

Une petite marche sur la bonne route nous remet d'aplomb et bientôt nous retrouvons nos amis occupés à déballer les provisions sous l'auvent de la maison cantonnière.

Déjeuner vivement expédié. La course du matin avait mis tout le monde en appétit. Il ne manque rien aujourd'hui; il y a ustensiles de ménage, on a même des tables, rudimentaires c'est vrai, mais enfin!

L'heure du départ vient de sonner, on prend place dans les voitures et on dévale au galop des chevaux.

Tout à coup, au détour du chemin, une troupe d'Arabes sort des fossés et fait de grands signes de détresse. Qu'y a-t-il? Oh, presque rien : la route est coupée; le pont qui traverse l'oued Arbalou a été emporté par les eaux et on le reconstruit. Il est absolument impossible de faire franchir la rivière à nos lourdes diligences, ce pont se trouvant à environ 30 mètres au-dessus du niveau de l'eau et les rives étant très escarpées.

Ah! Monsieur l'administrateur, on avait bien dit hier au soir que l'on ne pouvait pas passer; mais, vous fiant à vos rapports, vous nous certifiiez que le pont était réparé. Mais il y a une grande différence entre un pont existant sur le papier et un pont réel. Malgré « vos » papiers, nous n'avons pu passer.

On parvient, à l'aide des ouvriers présents, à faire franchir l'oued au petit break. On y empile les bagages, et, comme Tartarin, *pedibus cum jambis*, nous prenons le chemin de Tazmalt.

Le train passe dans cette localité à 4 heures et demie; il est près de 2 heures et nous avons 15 kilomètres à faire; nous n'avons pas de temps à perdre. Les dames ont une énergie qui mérite d'être signalée : toujours en tête de la colonne, elle encouragent de l'exemple et de la parole les retardataires.

Je remarque qu'il en est en Kabylie comme dans nos Vosges. Chaque indigène que l'on rencontre est interrogé sur la distance qui nous reste à parcourir. Tazmalt? — *Oune pitite houre!*

Et la *pitite houre* s'allonge, s'allonge, et toujours rien; des vergers d'oliviers, des figuiers, et c'est tout. Un chemin raviné, torrent desséché, mortel pour nos bottines, et rien, rien!

Enfin, du haut du dernier mamelon, Tazmalt apparaît au milieu d'une forêt d'eucalyptus.

Arriverons-nous pour l'heure du train?

Lorsque nous mettons le pied sur la route nationale, nous y trouvons M. Riquet, secrétaire général de la Réunion d'études algériennes, délégué du Congrès de géographie, actuellement à sa ferme de Tazmalt.

Ayant eu vent de notre mésaventure, il avait mobilisé toutes ses voitures et était venu à notre rencontre. Grâces lui soient rendues. Nous avons pu ainsi arriver pour l'heure du train.

Nous prenons le chemin de fer pour Bougie. La nuit ne tarde pas à tomber. A 7 heures et demie, nous sommes arrivés.

M. Choisnet, le sous-préfet de Bougie, nous attend à la gare et nous accompagne jusqu'à l'hôtel de France.

Nous dînons. Pendant le repas, une musique militaire se fait entendre : ce sont les tirailleurs algériens qui rentrent d'une marche, *nouba* en tête. Nous quittons tous la table pour acclamer l'armée française.

Une bonne nuit passée dans d'excellents lits nous remet des fatigues endurées, et nous nous retrouvons tous frais et dispos le lendemain.

Jeudi 6 avril. — M. Choisnet vient lui-même faire les honneurs de sa jolie cité.

Bougie, chef-lieu d'un cercle militaire dépendant de Sétif, chef-lieu d'arrondissement, compte 14,299 habitants, dont 2,510 Français. Cette localité est située sur la côte nord-ouest du golfe de ce nom, à 210 kilomètres d'Alger. Elle est bâtie au bord de la mer, sur le flanc du haut Gouraïa (704 mètres), qui forme un promontoire rocailleux se terminant par le cap Carbon.

La ville, dominée par les hauteurs qui se dressent en amphithéâtre et presque à pic derrière avec ses maisons écartées et les massifs d'orangers, de grenadiers et de figuiers de Barbarie qui les entourent, est dans une situation éminemment pittoresque. C'est l'entrepôt naturel de la vallée de Sahel.

Le port actuel se compose d'un bassin de 7 à 8 hectares; il doit être agrandi et comprendra un avant-port de 64 hectares, abrité par une jetée de 800 mètres enracinée au cap Bouak, et un bassin de 33 hectares compris entre trois jetées d'un développement total de 3 kilomètres environ.

La ville est entourée d'une enceinte qui est construite en partie avec les ruines de l'enceinte sarrasine. Les murailles sont percées de cinq portes.

On peut voir à plusieurs endroits l'ancienne enceinte romaine.

Sur la petite place, près de l'hôtel de France, se trouve la porte sarrasine Bab-el-Bahar, dont il reste un arceau en ogive, construit en briques et pierres.

Nous avons parcouru la rue Tréjel, l'une des plus commerçantes et certainement la plus longue de la ville. Au milieu de cette rue se trouve l'église, de style roman, avec une immense coupole. On remarque sur la façade un écusson supporté par un singe et portant un croissant, une comète et une ruche. Le croissant rappelle la domination arabe, la comète fait allusion à celle qui parut en 1878, lors de la construction de l'église, la ruche est le symbole de l'activité des colons.

Il y a quatre mosquées, que nous n'avons pas eu le temps de visiter. Nous sommes montés à la Kasba ; de cet endroit, qui est le point le plus élevé de la ville, on a une vue splendide sur la cité et la rade. Nous avons aussi visité l'hôpital, dans les jardins duquel on venait de découvrir peu de temps avant notre arrivée deux superbes mosaïques romaines.

Après avoir pris congé de M. le sous-préfet et l'avoir remercié de l'amabilité avec laquelle il a bien voulu nous servir de cicerone, nous prenons place dans des voitures qui doivent nous conduire à Kerrata en passant par le cap Aokas et le Châbet-el-Akra.

Au sortir de la ville, nous passons près de la place du marché qui, hier, avait dû être plus animée ; c'est le mercredi que se tient le grand marché de la ville. Tous les Arabes des environs s'y donnent rendez-vous.

Les environs de Bougie sont charmants, et ce chemin en corniche que nous suivons, longeant la mer, offre un but ravissant de promenade.

Nous traversons l'oued Srir sur un superbe pont de fer. Nos chevaux sont même effrayés à la rencontre de locomotives routières servant au transport des matériaux.

Nous passons à Oued-Marsa, commune de 2,757 habitants, dont 218 Français. Il y a des moulins à huile. La route est bordée de vergers d'oliviers parsemés de lauriers-roses ; c'est tout simplement féerique.

Arrivés au cap Aokas, il est près de midi. Nous mettons pied à terre et prenons place sous la tonnelle de l'auberge où l'on a dressé notre table.

De cet endroit, sur une falaise assez élevée, on aperçoit très bien Bougie. Le golfe, sur le bord duquel s'élève la ville, offre l'aspect d'un vaste lac, entouré du rideau de montagnes : d'abord la crête du Gouraïa; à sa droite, le pic de Toudja ; puis les dentelures rocheuses des Beni-Tizi, des Djebel-Takoucht (1,904 mètres), d'Adrar-Amellat (1,994 mètres), la large croupe du Ta-Babor (196 mètres) ; enfin, au dernier plan, la silhouette bleuâtre du pays de Djidjelli.

Après déjeuner, on reprend ses places dans les voitures et on roule vers Kerrata. La route, qui jusqu'ici a suivi la mer, quitte le littoral ; elle traverse alors de superbes forêts de peupliers blancs, de chênes verts, de chênes-lièges, de charmes, de frênes énormes, de lentisques, de lauriers-roses et de vignes sauvages. C'est un véritable enchantement.

Nous passons à Souk-el-Etnin, puis au bordj du caïd Hassen. Nous arrivons alors à l'entrée des gorges du Châbet-el-Akra (défilé de l'Agonie ou de la Mort). Elles surpassent de beaucoup les gorges de la Chiffa et de Palestro. C'est une étroite coupure entre deux montagnes gigantesques : le Tababor (1,965 mètres) et le Takoucht (1,904 mètres), presque partout à pic, quelquefois surplombant l'abîme. On se croirait dans la Via-Mala, en Suisse.

La route, sur un parcours de 6^{km},200, est tantôt creusée sur la paroi verticale du rocher, tantôt portée sur des arceaux. Au fond, l'oued Agrioun roule en mugissant.

On rencontre dans les buissons des groupes de singes, et le claquement des fouets des conducteurs fait envoler des bandes de pigeons sauvages qui ont établi leurs nids dans les anfractuosités du roc.

Vers le milieu de la gorge, on traverse l'oued sur un pont d'architecture hardie, lancé à plus de 100 mètres au-dessus du torrent.

Cette route a été construite de 1853 à 1870.

Un peu avant de sortir des gorges, on passe devant une pierre portant l'inscription suivante : « Les premiers soldats qui passèrent sur ces rives furent des tirailleurs commandés par M. le commandant Desmaisons, 7 avril 1864. »

Nous longeons toujours l'oued Agrioun et, enfin, après 59 kilomètres de route, nous arrivons à Kerrata.

Les hôtels du Châbet et de Kerrata nous reçoivent.

Le dîner, qui devait être le dernier pris en commun, fut d'une gaîté relative, car, pendant ces quelques jours que l'on avait passés ensemble, les sympathies s'étaient prononcées et chacun pensait que tout à l'heure on se dirait au revoir, et que cet au revoir serait peut-être un adieu. On était déjà bons amis, et puis c'est fini, il faut se séparer.

Demain matin, les uns prendront la route de Sétif, les autres celle d'Alger.

Pour ne pas se quitter sur une note triste, la jeunesse décide de faire quelques tours de valse ; il y a justement un piano dans l'hôtel. Un d'entre nous se dévoue, et bientôt les couples tourbillonnent.

Mais il faut être raisonnable ; demain on doit être sur pied à 3 heures et demie ; il est temps de se reposer.

On se dit encore une fois au revoir. Qui sait? Comme je le disais au début de mon récit, j'ai retrouvé à Alger un de mes aimables compagnons de voyage au cap Nord. J'espère bien avoir le grand plaisir de revoir un jour ou l'autre tous ceux avec lesquels j'ai passé de si bons moments en Algérie.

Mercredi 7 avril. — A 3 heures et demie, départ des Algérois, qui retraversent, en pleine nuit, le Châbet, et à 10 heures, départ du reste de la caravane pour Sétif par Takitount, El-Ouritia et Fenatou.

Nous arrivons à Sétif vers 4 heures du soir, après avoir avalé une bonne dose de poussière, mais enchantés du voyage et plus encore de nos aimables compagnons.

Nancy, imprimerie Berger-Levrault et Cie.

www.ingramcontent.com/pod-product-compliance
Lightning Source LLC
LaVergne TN
LVHW020504230826
846091LV00008BA/3331

* 9 7 8 2 0 1 9 9 3 3 1 3 5 *